गौसिनी एवं उडरज़ो
प्रस्तुत करते हैं
ऐस्ट्रिक्स का एक साहसिक अभियान

ऐस्ट्रिक्स और क्लियोपैट्रा

कथा : **रेने गौसिनी** चित्रांकन : **अलबर्ट उडरज़ो**

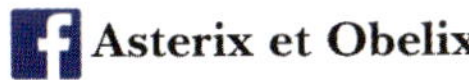

Om Books International

आज तक की सबसे महान कहानी, चित्रों की ज़ुबानी

जिसकी रचना में ज़रूरत पड़ी

14 लीटर चीनी स्याही, 30 बुरूश, 62 नरम पेंसिल, 1 कड़ी पेंसिल, 27 रबड़, 38 किलो काग़ज़, 16 रिबन टाइपराइटर के, 2 टाइपराइटर और 67 लीटर बीयर की।

Published in 2022 by

Om Books International

Corporate & Editorial Office
A-12, Sector 64, Noida 201 301, Uttar Pradesh, India
Phone: +91 120 477 4100
Email: editorial@ombooks.com Website: www.ombooksinternational.com

Sales Office
107, Ansari Road, Darya Ganj, New Delhi 110 002, India
Phone: +91 11 4000 9000 Fax: +91 11 2327 8091
Email: sales@ombooks.com Website: www.ombooks.com

ऐस्ट्रिक्स और क्लियोपैट्रा
Original title: ***Astérix et Cléopâtre***

Translated in Hindi by Dipa Chaudhuri & Puneet Gupta

This work is published under the Publication Assistance Programme Tagore, with the support of Institut français en Inde / Ambassade de France en Inde and the Institut français de Paris.

ISBN: 978-93-91258-53-5

Printed in India

सन् 50 ई.पू.। पूरे गॉल पर रोमनों ने कब्ज़ा जमा रखा है... पूरे? नहीं! अजेय गॉलवासियों का एक ऐसा गाँव है जो अब भी हमलावरों के विरुद्ध जमकर डटा हुआ है, और जिन्होंने तकरारम, झकमारम, ललकारम तथा कपिघुड़कम जैसी किलाबंद छावनियों के रोमन सैनिकों की नाक में दम कर रखा है...

ऐस्ट्रिक्स, इन साहसिक अभियानों का नायक। इस चालाक, चतुर और नाटे क़द के योद्धा को बेझिझक सभी ख़तरनाक कार्य सौंपे जाते हैं। ऐस्ट्रिक्स अपनी अतिमानवीय शक्ति ओझा औषधिक्स के जादुई काढ़े से प्राप्त करता है...

ओबेलिक्स, ऐस्ट्रिक्स का अभिन्न मित्र। शिला–स्तम्भों के इस पेशेवर वितरक को जंगली सूअर खाने और ज़बर्दस्त लड़ाई करने की लत है। ओबेलिक्स सब कुछ छोड़–छाड़ कर ऐस्ट्रिक्स के साथ एक नए अभियान पर चल पड़ने को हमेशा तैयार रहता है। उसके साथ होता है, अड़ियलिक्स, हमारी जानकारी के अनुसार एकमात्र पर्यावरणविद् कुत्ता, जो किसी भी पेड़ के काटे जाने पर हताश होकर बिलखने लगता है।

औषधिक्स, गाँव के वयोवृद्ध ओझा, जो अमरबेल बटोरते हैं और जादुई काढ़ा बनाते हैं। उनकी सबसे बड़ी उपलब्धि है वह काढ़ा जो पीने वाले को अतिमानवीय ताकत प्रदान करता है। लेकिन औषधिक्स के पिटारे में और भी कई नुस्खे हैं...

बेसुरतालिक्स, गाँव का गवैया। उसकी प्रतिभा के बारे में लोगों की राय विभाजित है : वह सोचता है कि वह अत्यंत प्रतिभाशाली है, बाकी सबकी राय कुछ और ही है। लेकिन जब तक वह मुँह नहीं खोलता, लोग उसका साथ बेहद पसंद करते हैं...

अंत में, गोलमटोलिक्स, गाँव के मुखिया। राजसी, वीर और गुस्सैल, इस दिग्गज योद्धा के साथी उनका सम्मान करते हैं और दुश्मन उनसे भयभीत रहते हैं। गोलमटोलिक्स को केवल एक ही बात का डर है : कहीं कल आसमान उनके सिर पर न टूट पड़े, मगर जैसा उनका खुद का कहना है : "कल कभी नहीं आता!"

सिकंदरिया, मिस्र साम्राज्य की राजधानी! महान साम्राज्ञी क्लियोपैट्रा, जिसके बारे में कहा जाता है कि अगर उसकी नाक ज़रा भी छोटी होती तो पूरी दुनिया का नाक-नक्श कुछ और ही होता, के महल में...

आपकी यह बात बेहद अपमानजनक है, हे सीज़र!...

सच्चाई का सामना करना सीखो, हे मेरी रानी। तुम्हारे लोग पतन के रास्ते पर हैं! बस इसी लायक बचे हैं कि रोमनों की गुलामी करें!

मेरे ही लोगों ने पिरामिड खड़े किए! फ़ेरोस की मीनार! मंदिर, ओबेलिस्क बनाए!
किस ज़माने की बात कर रही हो? अब तो तुम्हारी प्रजा सिर्फ़ नील नदी की बाढ़ की प्रतीक्षा करने के काबिल ही रह गई है...

बस, बहुत हो गया!
तड़ाक!

मैं तुम्हें साबित करके दिखाऊँगी, हे सीज़र, कि मेरे लोग अभी भी उतने ही प्रतिभाशाली हैं! तीन महीने के अंदर दिन-रात एक करके मैं यहाँ, सिकंदरिया में, तुम्हारे लिए एक शानदार महल बनवाऊँगी!

अगर तुमने ऐसा कर दिखाया ओ मेरी रानी, तो मैं मान जाऊँगा कि मेरी बात गलत थी और तुम्हारे लोग अभी भी बहुत महान हैं!...

...लेकिन मुझे तो ऐसा नहीं लगता!

यह दिल की तो अच्छी है, लेकिन इसकी नाक पलक झपकते चढ़ जाती है...
धड़ाम!

...नाक है भी तो सुंदर!

और जल्द ही...

नोटः अपने पाठकों की सुविधा के लिए हम मूल संवादों की डबिंग यहाँ पेश कर रहे हैं...
इमारतिस, मैंने तुम्हें इसलिए बुलवाया है क्योंकि तुम सिकंदरिया के सर्वश्रेष्ठ वास्तुकार हो... जोकि कोई बड़ी बात नहीं है।

ओह!*
*होठों की हरकत शब्दों के साथ पूरी तरह मेल नहीं खा रही है, क्योंकि उस पुराने ज़माने में डबिंग की तकनीक इतनी अच्छी नहीं हुआ करती थी।

कुछ कहने की ज़रूरत नहीं! तुम्हारी इमारतें नाजुक हैं! हमें पड़ोसियों की हर बात सुनाई देती है! छतें चकना–चूर हो जाती हैं!
असल में ये नये माल–मसाले... और जो मैं बनाना चाहता हूँ, वह है पिरामिड और...

ख़ामोश! अपने–आप को साबित करने के लिए तुम्हारे पास सिर्फ़ तीन ही महीने हैं, जिनमें यहीं सिकंदरिया में तुम्हें जूलियस सीज़र के लिए एक शानदार महल बनाना होगा!

सिर्फ़ तीन महीने?
अगर तुम सफल हुए तो तुम्हें सोने से लाद दूँगी; नहीं तो मगरमच्छों के आगे डाल दूँगी! जा सकते हो!...

सिर्फ़ तीन महीने!... इस काम में सफल होने के लिए तो मुझे दैवीय शक्तियाँ चाहिएँ! काश कोई जादूगर मेरी मदद करने आता...

मैं बच गया!... मुझे पता है मुझे किसकी ज़रूरत है! वह तो चमत्कार कर सकता है!...
थाप!

वहाँ से बहुत दूर, गॉल के एक छोटे से गाँव में...
CDXXI* फिर से!... यह तो चमत्कार हो गया!
हे! हे! यह चमत्कार ही है!!
यहाँ कभी नहीं चलेगा, यह रोमन खेल...
*421

अजेय गॉलवासियों के गाँव में शांति का राज है जोकि जल्द ही भंग होने वाली है...
मैं इस नन्हे कुत्ते को शिला–स्तंभ ढोना सिखाऊँगा!...
सिखाते रहना। पहले इस मोटे–तगड़े सूअर को खाने के लिए मेज तो लगाओ।

...एक अजीब अजनबी के आने से...
कृप्या बताएँ, ओझा औषधिक्स कहाँ मिलेंगे?...
उस पेड़ के ऊपर, अमरबेल काटते हुए।

औषधिक्स?
अरे, तुग यहाँ कैसे?
?!

मेरे प्यारे दोस्त, तुमसे मिलकर कितनी खुशी हो रही है!
ये एक सिकंदरियाई है...

ये हैं मेरे दोस्त इमारतिस, जो सिकंदरिया में एक वास्तुकार हैं, और जिनसे मेरी मुलाकात मेरी यात्राओं के दौरान हुई थी।
औषधिक्स, मैंने इतना लंबा सफर इसलिए तय किया है क्योंकि मुझे तुम्हारी मदद की सख्त ज़रूरत है...

मुझे सीज़र के लिए एक महल बनाना है, सिर्फ़ तीन महीने के अंदर। नहीं–तो क्लियोपैट्रा मुझे मगरमच्छों के आगे डलवा देगी!...

...और अगर तुमने अपनी चमत्कारिक शक्तियों का इस्तेमाल मेरी मदद के लिए नहीं किया तो मैं यह काम कभी नहीं कर पाऊँगा! बूऽहूऽहूऽहूऽ!
खाने में कैसे होते हैं ये मगरमच्छ?...
चुप रहो, ओबेलिक्स!

शांत हो जाओ, इमारतिस। मैं तो खुद ही सिकंदरिया के पुस्तकालय में कुछ पांडुलिपियों को देखने के लिए जाना चाह रहा था...

यही मौका है! मैं तुम्हारे साथ मिस्र चलूँगा!...
हम भी!
कसम ओसाइरिस की! सच कह रहे हो क्या?...
भौंऽ!

मैं जिस जहाज़ में आया हूँ वह समुद्रतट पर हमारी प्रतीक्षा कर रहा है!
बस सामान बांधने और सबको विदा कहने की देर है फिर तुम्हारे साथ चलते हैं!

चल मेरे नन्हे अड़ियलिक्स, हम एक बढ़िया–सी यात्रा पर जा रहे हैं!
तुम कहीं इसे ले जाने के चक्कर में तो नहीं हो?

और क्यों नहीं? श्रीमान एस्ट्रिक्स...
क्योंकि ऐसी यात्रा के लिए यह बहुत छोटा है! इसलिए, श्रीमान ओबेलिक्स!

ऊपर से, मिस्र बिल्लियों का देश है! तो जाकर सामान बांधो और इस बारे में बोलना बंद करो!
हमेशा ऐसा ही होता है! मेरी तो कोई हैसियत ही नहीं! आलतू–फालतू हूँ! कोई मेरी बात नहीं सुनता!

थोड़ी देर बाद...
मेरे दोस्तों, आप नील नदी के किनारे गॉल की प्रतिभा का प्रतिनिधित्व करने जा रहे हैं! गॉलवासी होने का मान रखना, तूतातिस की कसम, और आसमान कभी तुम्हारे सिर पर न गिरे!
ओ!
धन्यवाद, फिर मिलते हैं, ओ गोलमटोलिक्स जी, हमारे मुखिया!

ओ!
क्या?

नहीं, तुम नहीं गाओगे, बेसुरतालिक्स! बिल्कुल नहीं गाओगे!!!
धाड़! धाड़! धाड़!

लेकिन मैं गा कहाँ रहा था?... मैं तो सिर्फ़ उसे यह बताने की कोशिश कर रहा था कि वह मेरे पैर पर चढ़ा हुआ था!

कुछ देर बाद...
भौंं!
?

ये मैं भौंक रहा था! मुझे बोलने की इजाज़त न सही पर भौंक तो सकता हूँ?
ठीक है, खड़–खोपड़ी! तुम जीते, अब इसे झोले से बाहर तो निकालो!
वह रहा मेरा जहाज़, बीचभंवरिस।

अब हम लंगर उठा सकते हैं, बेपेंदिस!
कसम से, ऐस्ट्रिक्स, मुझे नहीं पता कि ये मेरे झोले में कैसे घुसा!...
हाँ, हाँ, क्यों नहीं! जल्दी करो वरना ज्वार छूट जाएगा।

और एक बर्फ़ानी सर्द हवा के तले, हमारे दोस्त निकल पड़ते हैं एक लंबी यात्रा पर मिस्र की ओर, महान रानी, क्लियोपैट्रा, के साम्राज्य की ओर।
मिस्र मे हमे पार पाना पड़ेगा समय–सीमा से, मज़दूर समस्याओं से, और रोमनों से, जो क्लियोपैट्रा वाली शर्त जीतने में हमारी राह का रोड़ा होंगे...

और खासकर महामक्कारिस, एक प्रतिद्वन्दी वास्तुकार से जो हमेशा ही मुझे नीचा दिखाना चाहता है... उसके पास बहुत सारे टैलेंट हैं...
बहुत हुनरमंद है क्या?...

अरे नहीं, बहुत अमीर है। उसके पास सोने के बहुत सारे टैलेंट हैं – यही यहाँ की मुद्रा है।

और ज़ाहिर है कि यात्रा के दौरान समुद्री डाकूओं का ख़तरा भी है!
अरे, उन्हें तो हम सम्भाल लेंगे! है न, ओबेलिक्स?

और असल में, थोड़ी ही दूर पर...
देखो लड़कों! इस जहाज़ को पाने के लिए मुझे अपने बेटे चिकनिक्स को गिरवी रखवाना पड़ा! इसलिए सावधान! गॉलवासियों से बचकर चलने में ही हमारी भलाई है। और गॉल, रोमन व फ़ोनिसियाई जहाज़ों से भी जिनका इस्तेमाल करने की इन्हें आदत है!

मिसअ का जहाज़, दाईं ओअ!

बहुत बढ़िया! क्या छप्पर फटा है! सब–के–सब चढ़ाई करने के लिए तैयार हो जाओ!

चौकसीदार क्या कह रहा है?

वह कह रहा है कि बाईं ओर समुद्री डाकुओं का एक जहाज़ है।
सच्ची?... मज़ाक तो नहीं कर रहे हो?!!?

ये तो वही हैं, एस्ट्रिक्स! वही हैं!... **ओयहोय! ओयहोय! आ रहे हैं हम!**

यह नहीं हो सकता! **यह नहीं हो सकता! ये तो वही हैं!** अभी–भी समय है निकल चलो!

बहुत देअ हो चुकी, सअदाअ! वे हमसे ज़्यादा तेज़ चल अहे हैं!... तो अब हम क्या कअें?

अब तो अपने हाथों अपना जहाज़ डुबोने में ही भलाई है। नतीजा वही होगा, लेकिन कम–से–कम मार खाने से तो बचेंगे...

और जल्द ही...
तो, जैसा तुमने कहा क्या छप्पर फटा है, लो फट गया छप्पर। होनी को कौन टाल सका है भला!
अगर एक शब्द भी और बोला तो तेरी लकड़ी की टाँग तेरे ही मुँह में ठूँस दूँगा!!!

धोखेबाजों! तुम हमारे लायक ही नहीं! पिटे हुए खिलाड़ी!!!
क्या चमत्कार है! इन डाकुओं की नज़र तुम पर क्या पड़ी इन्होंने लड़ने के बजाए अपने हाथों अपना ही जहाज़ डुबो दिया!
ओह, इनसे तो हमारी पुरानी जान–पहचान है... हम जलयात्रा अक्सर साथ–साथ ही करते हैं!

और एक लंबी और शांतिपूर्ण यात्रा के बाद, एक रात...
क्षितिज पर वह रोशनी क्या है, इमारतिस?
यह फ़ेरोस द्वीप की मीनार है, जिसकी रोशनी जहाज़ों को बंदरगाह का रास्ता दिखाती है, एस्ट्रिक्स...

कल हम सिकंदरिया में होंगे।
जहाज़ों को रास्ता दिखाने के लिए मीनार? ये मिस्रवासी पागल हैं!
यह दुनिया के अजूबों में से एक है, ओबेलिक्स!...

अगली सुबह...
जैसे ही हम उतरेंगे मैं आपको रानी के सामने पेश करने के लिए महल ले चलूँगा।

और अपने महल में ऐशो-आराम की आदी क्लियोपैट्रा अपने पसंदीदा नाश्ते, सिरके में घोले मोती, खाने की तैयारी कर रही है।
ओसाइरिस की कसम! आख़िर मोतियों की चिमटी गई कहाँ?

यह लो, चखनवीस, अपना काम करो!
जो आज्ञा, मेरी रानी!
इस चटोरी ने सिरके में फिर चार मोती डाल लिए!

उफ़! ज़्यादा मोती घुला हुआ सिरका मुझे बिलकुल पसंद नहीं!

वास्तुकार इमारतिस दरबार में पेश होने की इजाज़त चाहते हैं!

उन्हें पेश किया जाए...

हे मेरी रानी! पेश हैं मेरे गॉलवासी मित्र। एक शक्तिशाली जादूगर और दो जांबाज़ योद्धा जो मेरे काम में मेरी मदद करेंगे...
अड़ियलिक्स!
गर्रर्रर्रर्रर्र!

समझी, मगर अब जल्दी करो। तुम्हारे पास ज़्यादा समय नहीं है, और सीज़र मुझे हर रोज़ ताने मारता रहता है। अगर तुम सफल हुए तो सबको सोना मिलेगा... नहीं तो, मगरमच्छ!

...और मैं तुम्हें चेतावनी दे रही हूँ, इमारतिस, तुम्हारा प्रतिद्वन्द्वी महामक्कारिस तुम्हें कोस रहा होगा यह जानकर कि सीज़र का महल बनाने के लिए मैंने उसके बजाय तुम्हें चुना। मुझे पूरा विश्वास है उसे तुम्हारा व्यवसाय मगरमच्छों के जबड़ों में जाता देखकर बहुत खुशी होगी। तो अब, जुट जाओ!

यह है तो नकचढ़ी, पर इसकी नाक खूबसूरत है...
बहुत ही खूबसूरत!

आओ, तुम्हें अपने घर ले चलूँ...

इमारतिस
ये है तुम्हारा घर?!...
अर्र... हाँ... इसका निर्माण मैंने ही किया था!...

यह दरवाज़ा फिर फंस गया... लगता है नक्शे में मुझसे कहीं कोई चूक रह गई...
मैं तुम्हारी मदद करता हूँ।

धड़ाम!
नहीं, ओबेलिक्स!

उसे मत डाँटिए... असल में यह ऐसे ही ज़्यादा उपयोगी है!
थप्प! थप्प! थप्प!

अर्र... ज़रा सीढ़ियाँ देखकर चढ़ना!
लगता है तुम्हें वास्तव में ही हमारी मदद की बहुत ज़रूरत है, इमारतिस।

मैं यहाँ काम करता हूँ... और ये रहा कलमघिस, मेरा मुंशी। एक वफ़ादार दोस्त जो आपकी भाषा और सारी आधुनिक भाषाएँ जैसे लैटिन, ग्रीक, सेल्टिक इत्यादि फ़र्राटे से बोल लेता है...

क्या मुंशी की गद्दी पर खुश हो?...
बहुत आरामदायक जगह है... पीठ टिकाकर बैठा हूँ!

मुंशी कैसे बना जाता है?
मैंने पत्राचार–पाठ्यक्रम से सीखा था... एक बहुत अच्छे विद्यालय से...

...जिनका दावा था कि, जो चित्र बना सकता है, वह लिख भी सकता है!

वास्तुकार महामक्कारिस मुझसे मिलना चाहता है? अंदर लाया जाए!

इमारतिस, मैं सीधा ही मुद्दे की बात पर आ जाता हूँ! हम सीज़र का महल मिल कर बनाते हैं। अगर समय–सीमा खतम होने से पहले सफल हुए तो सोना आपस में बाँट लेंगे...

अगर नहीं तो तुम अकेले ही मगरमच्छों का भोजन बन जाना... क्योंकि जहाँ एक से काम चले वहाँ दो क्यों डलें!

मुझे यह मंजूर नहीं! तुम्हारे काम करने के तरीके मुझे पसंद नहीं। तुम अपने गुलामों को मरते–दम तक घिसते हो। तुम ज़ालिम हो और कुटिल भी!
निकल जाओ मेरे घर से!

बहुत पछताओगे इस बात के लिए! मैं भी देखता हूँ क्लियोपैट्रा यह शर्त कैसे जीतती है। तुम और तुम्हारे दोस्त मगरमच्छों को ज़रूर डाले जाएँगे! और उम्मीद है मगरमच्छ अच्छी दावत उड़ाएँ...

?!?

धम्म!
धम्म!

धड़ाम!

चटाक!

क्या कटखनी जुबान है!...
एक–एक शब्द चबा–चबाकर बोल रहा था!...
उसकी नफ़रत उसे खुद–ही खाए जा रही है!
काट–खाने को पड़ रहा था!
ऐसे शब्दों का इस्तेमाल मत करो...

तुम मुझे मगरमच्छों की याद दिला रहे हो!
अड़ियलिक्स!!!

इससे बेहतर तो यह होगा कि मेरे साथ निर्माण–स्थल पर चलें, जो सिकंदरिया के ठीक बाहर है! आप लोग देख सकेंगे कि हम यहाँ किस तरह निर्माण का काम करते हैं!...
धड़धड़धड़ाम!
?!

ये रहा निर्माण–स्थल... मैंने पहले से ही बढ़िया क़िस्म का पत्थर खदानों से मंगवा लिया है...

ये गुलाम हैं?
अरे नहीं, गुलामों का ज़माना कब–का गुज़र गया! अब हम किसी को बंधुआ नहीं रख सकते, वे आज़ाद हो चुके हैं, ये सब स्वतंत्र मज़दूर हैं।

तो फिर ये कोड़े?
हम मिस्रवासी कोड़े खाए बिना एक कदम भी आगे नहीं बढ़ते! वैसे भी, वे बारी–बारी से कोड़ा चलाते हैं...
चटाक!

अब देखना...

!
!
चटाक!

अजीब तरीके हैं!
बिलकुल नहीं, इसी तरह सब खुश हैं! सुबह–सुबह काम पर लगने के लिए कोड़े के एक फटके से बेहतर कुछ नहीं!

ये हुई आधी–छुट्टी... चलो वहाँ तम्बू में, महल का नक्शा देखने।
लेकिन इन दोनों ने काम क्यों नहीं रोका?

ये ओवरटाइम कर रहे हैं।
चटाक!

और दाल* खाने की आधी–छुट्टी में मज़दूर अचानक किसी को आता देखते हैं...
*मिस्र का एक बहुत लोकप्रिय पकवान

?!
!?!
?!
?!?
?
?!
?

...जो आते ही दाल में कुछ काला कर देता है।

खी, खी, खी, खी, खी!

और जब आधी–छुट्टी के खत्म होने का बिगुल बजाया जाता है...

...तो मज़दूर साफ़ ज़ाहिर कर देते हैं...

...कि उन्होंने काम से पूरी–छुट्टी कर ली है।

मालिक! मज़दूरों ने काम रोक दिया है! लगता है किसी ने आपके खिलाफ़ उनके कान भर दिए हैं!
?

इन सारी मुसीबतों ने तो मेरा खून ही जमा दिया है! लगता नहीं कि मेरे अंदर मगरमच्छों के खाने लायक कुछ भी बचेगा!
यही बेहतर होगा! तुम्हारे लिए उनका बढ़िया भोजन बनना इतना ज़रूरी है क्या?

मगर वे पवित्र मगरमच्छ हैं। उन्हें खाने में कोई ऐरी–गैरी चीज़ नहीं दी जा सकती!
ये मिस्रवासी पागल हैं!
टक! टक! टक!

चलो देखें क्या हो रहा है!

जैसाकि मैंने सोचा था: वे फिर कम करने की माँग कर रहे हैं।
तुम्हारा मतलब ज़्यादा करने की।

नहीं, इसका तनख्वाह से कोई लेना–देना नहीं, इन्हें बहुत अच्छी तनख्वाह मिलती है। वे चाहते हैं कि उन्हें कोड़े कम मारे जाएँ... लेकिन अगर कोड़े मारना कम करता हूँ तो काम धीरे करेंगे और महल कभी समय पर पूरा नहीं हो पाएगा!

तुम्हारे कोड़े मारने की बातों से मैं एकदम पक चुका हूँ। यह भी कोई तरीका है लोगों से बर्ताव करने का! एस्ट्रिक्स, उस कड़ाहे के नीचे एक अच्छी–सी आग जलाओ!...

मैं तुम्हें दिखाता हूँ कि आदमियों से काम कैसे लिया जाता है!...

नहीं, तुम नहीं।

सही!
उनके लिए ज़रा एक छोटा–सा प्रदर्शन तो करो, एस्ट्रिक्स!
गुलुप! गुलुप! गुलुप!

?
?

?
?
?
?
भौं! भौं!

ठक!
?
?
?
?
?
?
?

यह तो सही में ही चमत्कार है!!!
ठीक कहा! अपने आदमियों को एक कतार में लगने के लिए कहो, मैं सबको अपने जादुई काढ़े की एक खुराक दूँगा।

नहीं!

सही!

नहीं!

इन्होंने मुझे भेस बदलने के बावजूद भी कैसे पहचान लिया?

और यह देखकर बहुत अच्छा लग रहा है कि काम खुशी–खुशी फिर–से शुरू हो गया है, गानों, चुटकुलों और चुटकियों के साथ, जिनका अनुवाद करना बदकिस्मती से संभव नहीं...

कमाल का असर!
चप्प!
चप्प!

गर्रर्रर्रर्रर्रर्र
?

गर्रर्रर्रर्रर्र

*काउँ काउँ काउँ

ये विदेशी जादूगर तो इमारतिस को जिताकर ही मानेंगे! मुझे जल्द ही कुछ-न-कुछ करना पड़ेगा!

पेचकसिस!
जी महामक्कारिस, मेरे मालिक?

मुझे मालूम है कि इमारतिस उन पत्थरों की प्रतीक्षा कर रहा है जो नील नदी द्वारा दक्षिण से लाए जा रहे हैं! ये पत्थर कभी भी निर्माण-स्थल तक नहीं पहुँचने चाहिए... यह रहा सोना इस काम के लिए!

पेचकसिस इमारतिस के निर्माण-स्थल के लिए पत्थर ला रही नौकाओं के बेड़े से जाकर मिलता है, और सोना बेड़े के कप्तान के ईमान का बेड़ा गर्क कर देता है...

*पत्थर उतार दो!

*किनारे पर नहीं! दूसरी तरफ़!
धड़ाम!

मिस्र के दक्षिणी गाँवों के रहने वाले मज़दूर, बिना कुछ पूछे आदेश का पालन करते हैं।
फटाक!
छपाक!
*ओय याके पीछे अपनी खोपड़िया खराब करनो बेकार!
*मोय तो लगो, भाय, कप्तान की खोपड़िया खराब!

मज़दूरों ने काम क्यों रोक दिया?
पत्थर खतम हो गया है, और मुझे तो चिंता हो रही है; जो बेड़ा दक्षिणी खदानों से नया पत्थर ला रहा था, वह अब तक नहीं पहुँचा।

ओ इमारतिस! बेड़े का कप्तान इमारत के लिए पत्थर लेकर पहुँच रहा है!
आह! आखिरकार!

!

वह कह रहा है कि खदानें ख़ाली हो गई हैं और वह सिर्फ़ इतना–सा टुकड़ा ही ला पाया। वह अपने आने–जाने का खर्चा मांग रहा है।
मुझे लगता है ये झूठ बोल रहा है!

मैं इसकी जुबान खुलवा सकता हूँ! बोलो खुलवाऊँ?
ठीक है! मगर ज़रा आराम से!

कैसे कहते हैं: बोलो?

पटाक! पटाक! पटाक! पटाक! पटाक! पटाक!
भौं! भौं! भौं!

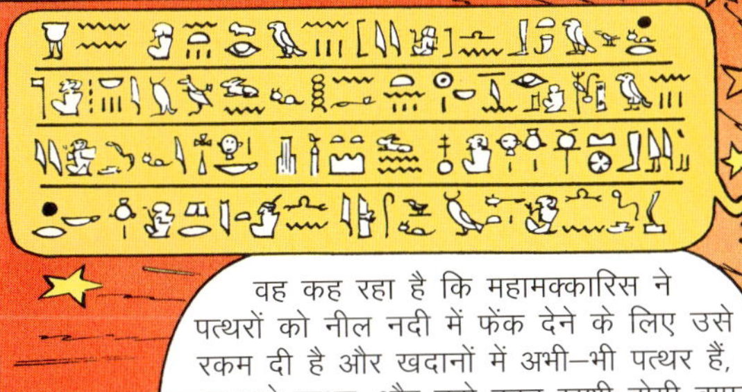
वह कह रहा है कि महामक्कारिस ने पत्थरों को नील नदी में फेंक देने के लिए उसे रकम दी है और खदानों में अभी–भी पत्थर हैं, बहुत सारे पत्थर, और उसे बहुत खुशी होगी वापस जाकर पत्थर लाने की और कृप्या इतनी ज़ोर से न मारें और वह आइसिस, ओसाइरिस और सेरापिस की कसम खाता है कि फिर कभी ऐसा नहीं करेगा।

अपनी पूरी तसल्ली के लिए पत्थर लाने हम भी इसके साथ जाएँगे।
ठीक है, लेकिन जल्दी करो! समय निकलता जा रहा है!
धड़ाम!

जल्द ही...
हम नील नदी में जा मिलेंगे और फिर नदी के साथ-साथ दक्षिण दिशा में चलेंगे।

इसी बीच, कुख्यात महामक्कारिस के घर पर...
मुझे पता चला है कि ये चमत्कारी विदेशी नये पत्थर लाने रवाना हुए हैं। पेचकसिस, वे वापस न आने पाएँ! ध्यान से सुनो, तुम्हें क्या करना है...

महान और पवित्र नील नदी में बेड़ा धीरे-धीरे बढ़ रहा है...
यह धीरे चल रहा है!
बहुत धीरे!
कुछ ज़्यादा ही धीरे!

किनारे की ओर चला जाए और सभी नौकाओं को रस्सियों से कसकर बांध दिया जाए!
आखिरकार, थोड़ी कसरत!
?

?

तूतातिस की कसम, भले ही मुझे पता है कि यह बचपन में जादुई काढ़े के एक कड़ाहे में गिर गया था मगर यह लड़का मुझे बार-बार हैरान करने से बाज नहीं आता!

रात होने पर वे नदी के किनारे डेरा डालते हैं...
फिर वही दाल! जंगली सूअर का एक टुकड़ा तक नहीं... ऊपर से हैरान हो रहे हैं कि मैं इतना कमज़ोर कैसे हो गया!
कल हम स्फिंक्स और पिरामिड देखने चलेंगे! ज़्यादा दूर नहीं और देखने लायक भी हैं!

मगर अंधेरे में एक कुटिल दुश्मन जासूस घात लगाए इंतज़ार कर रहा है।
खी!
खी!
खी!

उठो, उठो, सुस्तराम! सूरज सिर पर चढ़ आया है! हमें स्फिंक्स और पिरामिड देखने जाना है!
ऊँSSS! बस कुछ देर और!... ऊँSSS...
थोड़ी देर बाद...
तो, अब तुम्हारा क्या कहना है? हमारे यहाँ कुछ देर और रुकने से कोई फ़ायदा हुआ या नहीं?
अद्भुत, कसम बेलिज़्मा की!
स्मृति-चिन्ह
स्मृति-चिन्ह
अड़ियलिक्स! शांत हो जाओ! इस पर मत गुर्राओ!
गर्ररररर

भद्र विदेशियों, स्फिंक्स के साथ आपकी एक तस्वीर हो जाए?
क्यों नहीं? ये मेरे झोंपड़े में अच्छी लगेगी।
हम ज़रा आस-पास चक्कर काटकर आते हैं।
ठीक है।
मुँह को ज़रा इधर कीजिए, कंधे मेरी तरफ़ रखिए और कृपया हिलें-डुलें नहीं।
ऊपर से क्या शानदार नज़ारा होगा।
नहीं, ओबेलिक्स! ऊपर चढ़ना ज़रूर मना होगा!

एस्ट्रिक्स, सही में, हमेशा अपनी मर्ज़ी चलाता है!

!
चटाक!

?

अब तो आपको भी पता चल गया है कि स्फ़िंक्स की नाक कहाँ गई। बहुत अफ़सोस की बात है क्योंकि ये नाक, जो कभी मिली नहीं, सुंदर थी। भले क्लियोपैट्रा की नाक के जैसी सुंदर न रही हो, जो, जैसाकि हमें विश्वास है, अति सुंदर नाक थी।

इन पिरामिडों का निर्माण करके, जो मिस्र के राजाओं के मकबरे हैं, मिस्रवासियों ने दुनिया को एक अजूबा दिया!
शानदार!
हुँह! ढंग के एक भी शिला–स्तंभ के बराबर नहीं!

ओबेलिक्स, इन पिरामिडों की चोटियों से बीस शताब्दियाँ हमें देख रही हैं!

क्या आप पिरामिडों को अंदर से देखना चाहेंगे?
अच्छा? मुझे तो लगता था कि इन मकबरों में घुस पाना असंभव है...
ये मिस्रवासी पागल होते हैं!...

चोर तो कब से घुस रहे हैं... हालांकि बाहर बहुत कम निकल पाए...

मगर हाँ आप जैसे भद्र विदेशियों को मुझपर भरोसा रखना चाहिए।
तो ठीक है, हमें स्वीकार करने में खुशी होगी...

यह नन्हें कुत्तों के घुसने लायक जगह नहीं है... तो तुम यहीं हमारा इंतज़ार करो... अगर राजे–मुन्ने बने रहे तो तुम्हें मिलेगी एक अच्छी–सी हड्डी!

पिरामिड के अंदर...
मुझे आँखों से ओझल मत होने देना; वरना आप इस भूल–भुलैया से जीवित बाहर नहीं निकल पाएँगे।

आइए, आइए... जिन रेखाचित्रों ने इस कमरे को सजा रखा है वे बहुत शानदार हैं।

धड़ाक!
?!
आप यहाँ से कभी नहीं निकल पाओगे, विदेशियों! ये मकबरा अब आपका भी मकबरा बनेगा!

कसम आईसिस की, अगर ये इससे बाहर निकल पाए तो मैं कसम खाता हूँ कि फिर कभी अपना सिर नहीं मुंडवाऊँगा!

अच्छा, सबसे पहले तो हमें यह दरवाज़ा खोलना है।
शिला-स्तंभ के अंदर ये सब कभी न होता!...

हालात को देखते हुए, ओबेलिक्स, मैं तुम्हें पहली बार अपना जादुई काढ़ा पिलाने जा रहा हूँ।
सच्ची?
यही तो कहा उन्होंने!

एक, दो, तीन बूंदें... इतने में काम हो जाना चाहिए।

और अब, खोलो इस दरवाज़े को!
इस पिरामिड में आकर तो दिल बाग-बाग हो गया...

धड़ाम!
शौंऽऽऽयऽ!

मुझे काढ़ा पीने के पहले और बाद में कुछ खास फ़र्क तो महसूस नहीं हो रहा...

अब हमें गलियारों की इस भूलभुलैया में से अपना रास्ता ढूँढ निकालना पड़ेगा...
वही करना तो सबसे मुश्किल होगा...
ठाक

और सही में, कुछ घंटों के बाद...
यह दसवीं बार है कि हम वापस इसी जगह आ पहुँचे हैं... इन राजाओं के पास वाकई में अच्छे वास्तुकार थे...
यह स्थिति गंभीर है।
बहुत ही गंभीर... मुझे भूख लगने लगी है।

पिरामिड के अंदर...
हमें यहाँ से बाहर निकाल पाने की ताकत मुझ में नहीं... मुझे डर है कहीं हमारे अभियानों का यही अंत न हो, कसम बेलेनोस की!
मुझे तो इमारतिस की चिंता खाए जा रही है... हमारे बिना उसका मगरमच्छ के जबड़ों में जाना निश्चित है।

और मुझे चिंता खाए जा रही है, मेरे नन्हें अड़ियलिक्स की... है न, अड़ियलिक्स?...
अड़ियलिक्स?!

हाँ, हाँ, अड़ियलिक्स! तो क्या हुआ? अब गे न कहना कि मैं इसे अंदर क्यों ले आया! इसे मैं नहीं लाया, ये अपने–आप ही चला आया!

वही तो! इसने हमें सूंघ कर ढूँढ निकाला... तो ज़ाहिर है यह वापसी का रास्ता ढूँढ सकता है और हमें भी यहाँ से निकलने में मदद कर सकता है!
ये तो बिलकुल सही कह रहे हो!

अड़ियलिक्स, अगर तुम यहाँ से निकलने में हमारी मदद करोगे तो बाहर तुम्हें एक मोटी–तगड़ी हड्डी मिलेगी!

तुम्हें दो मोटी–तगड़ी हड्डियाँ मिलेंगी!

बहुत सारी मोटी–तगड़ी हड्डियाँ!

ओबेलिक्स, मैं तुमसे माफ़ी चाहता हूँ! तुमने इस कुत्तु को साथ लाकर बहुत अच्छा किया!
कभी–कभी मुझे लगता है कि यह मेरी कही हर बात को समझता है!

①विदेशी उड़न–छू हो गए हैं। अब तुम्हें अपनी यात्रा पर जाने की कोई ज़रूरत नहीं।
②मैं समझ गया था।

?

ये जादू है! तुम लोग जादूगर हो! सिर्फ़ एक अतिमानव ही वहाँ से बाहर निकलने का रास्ता...
थप्प! थप्प! थप्प!

चटाक!

नौकाएँ अपनी यात्रा फिर से शुरू करती हैं और नील नदी में शांतिपूर्वक आगे बढ़ती हैं...
खड़च! खड़च! खड़च!

...यात्रा और सुहानी हो जाती है, बीच–बीच के दिलचस्प पड़ावों के कारण, जैसे कि लक्सर...
नहीं, नहीं हरगिज़ नहीं, ओबेलिक्स! यह चीज़ और हमारे गाँव की चौपाल पर? ये वहाँ बहुत बेहूदी लगेगी!
हम एक–दूसरे से कभी सहमत नहीं होंगे!

इसी बीच, सिकंदरिया में...
हे महामक्कारिस, मेरे मालिक... वे तो जादूगर हैं! अतिमानव हैं!
!?

वे महान पिरामिड की भूलभुलैया से भी बाहर निकल आए!
चमत्कारी! ये लोग तो चमत्कारी हैं!

फिर तो और भी ज़रूरी है कि हम इन्हें कैसे भी करके महल बनाने में इमारतिस की मदद करने से रोकें, पेचकसिस!
22

और बहुत सारे स्टेडिया* की यात्रा के बाद...
मेरे दोस्त! आखिर तुम वापस आ ही गए!
और हम अपने साथ इतना पत्थर भी लाए हैं जो महल को पूरा करने के लिए काफ़ी होगा!
*स्टेडियमः करीब 185 मीटरों का प्राचीन माप है। एक फुट में 30.48 सेंटीमीटर होते हैं और एक अलेग्ज़ांड्राइन में 12 फुट, तो बहुत आसानी से यह गणना की जा सकती है कि एक स्टेडियम में लगभग 50.57 अलेग्ज़ांड्राइन होते हैं।

और मज़दूर जादुई काढ़े की तगड़ी खुराक लिए हुए धड़ाधड़ काम कर रहे हैं।
अगर इन नक्शों को सुधारने के लिए मैं यहाँ न होता तो!...
मुझे अभी–अभी पता चला है कि क्लियोपैट्रा निर्माण–स्थल को देखने आ रही है!

और वास्तव में...

अरे, रुको नहीं। मैं तो बस यूँ ही यहाँ से गुज़र रही थी, गुप्त रूप से... बढ़ते चलो। सब ठीक है।

ये बात तो माननी ही पड़ेगी कि उसकी नाक सुंदर है!
बहुत ही सुंदर नाक!
तुमने देखी उसकी नाक, अड़ियलिक्स?

इसी बीच, महामक्कारिस के घर पर।
क्या करूँ! कुछ तो करना ही पड़ेगा!

मेरी मदद करो! **और आखिरी बार कह रहा हूँ कि जाकर अपना सिर मुँडवाओ!!!**
मैं ऐसा नहीं कर सकता, मालिक! मैंने कसम खाई है

मेरी खोपड़ी में एक बहुत ही भयंकर विचार आया है!...
ठाक!

इस पोटली को रानी क्लियोपैट्रा के पास ले जाओ।
जी, मालिक।

और थोड़ी देर बाद...
तोहफ़ा? लाओ!

केक! और इसके साथ एक संदेश है!

एक नज़राना रानियों की रानी के लिए, तीनों गॉलवासियों की ओर से

वे बहुत भले हैं। तुम जा सकते हो।

उसकी नाक सच में बहुत सुंदर है!
शाही–सेवक!

आज शाम को मीठे में तुम यह केक मुझे परोसोगे...

एक मामूली रात्रिभोज... मैं अकेली ही होऊँगी! सिर्फ़ 40 नर्तक और नर्तकियाँ, 80 साजिंदे और 300 मामूली पकवान...

और उस शाम, इमारतिस के निर्माण–स्थल पर...
चलो, चलो! खाना लग गया है! खाने में जंगली सूअर है जो अभी–अभी जहाज़ से आया है!

हम तीनों गॉलवासियों को गिरफ़्तार करने आए हैं! रानी के हुक्म से!
?!

अब हम क्या करें? क्या हम इनका कीमा बना दें?

कुछ मत करना! अगर तुमने क्लियोपैट्रा का विरोध किया तो तुम्हारे लिए ठीक नहीं होगा!

और जल्द ही...
अहा, गॉलवासियों! तुमने इस केक से मुझे ज़हर देने की कोशिश की! इसकी कीमत तुम्हें अपनी जान से चुकानी होगी!
केक? कैसा केक?

मेरे चखनवीस को बुलाओ!
चटक!

इसने केक का छोटा-सा टुकड़ा क्या चखा इसकी ये हालत हो गई!
लेकिन यह सच नहीं है, कसम तूतातिस की! हम बेकसूर हैं!!!
*उई, उई, उई!

मैं एक शब्द भी और सुनना नहीं चाहती!
मगर...
अगर रानी एक शब्द भी और सुनना नहीं चाहती तो अगर-मगर करने का कोई फ़ायदा नहीं, एस्ट्रिक्स... फिलहाल!

इन्हें ले जाओ! पवित्र मगरमच्छों को उनकी भूख जगाने वाला पेय दो!

मगर आपने हमें सफ़ाई देने से क्यों रोका?
कोई वजह तो होगी...

और वैसे भी, तुम क्लियोपैट्रा से बहसबाजी नहीं कर सकते... चाहे उसका गुस्सा हमेशा उसकी नाक पर रखा रहता हो, पर क्या नाक है!

और कहाँ मैं सोच रहा था कि रात के खाने में जंगली सूअर मिलेगा...
एस्ट्रिक्स, ज़रा मुझे पानी का वह जग तो पकड़ाना...

आप क्या बना रहे हैं, औषधिक्स जी?
एक विषनाशक। किस्मत से यह छोटी-सी थैली मैं हमेशा अपने साथ लेकर चलता हूँ...

यह लो, पियो!
विषनाशक क्या होता है?

ओबेलिक्स, तहखाने का दरवाज़ा खोलो।
गुलप! गुलप!

हट जाओ! हम बाहर आ रहे हैं!!!
हो! हो! हो! हो! हो! हो!

धड़ाऽऽम!

ये मिस्रवासी पागल हैं! इन्हें कहा हटने को, लेकिन ये तो...
तो अब चलें, क्लियोपैट्रा से मिलने!

बुरा नहीं... लेकिन खुद को एक ही तरफ़ से देखते-देखते मैं तंग आ गई हूँ। क्या तुम कभी मेरा तीन-चौथाई चेहरा नहीं बना सकते?
ओह, आप तो जानती हैं कि मैं आधुनिक कला...

चटाक!
माफ़ करना!
फटाक!
?!!

गॉलवासियों, क्योंकि तुमने मुझे बरबाद करने की ही ठान ली है तो कसम ओसाइरिस की, मैं भी तुम्हें दिखाऊँगी कि एक रानी की मौत कैसे होनी चाहिए!
अरे नहीं, ऐसी कोई बात नहीं है, कसम तूतातिस की, एक बार हमारी बात तो सुन लीजिए!!!
मुझे विश्वास है कि यह केक ज़हरीला नहीं है! मुझे तो यह बहुत अच्छा केक लगा था!
अच्छा, ये बात है? तो ठीक है, तुम इसे खाकर दिखाओ! केक यहाँ लाया जाए!
चटक!
हम भी यही सुझाव देने वाले थे, हे रानी...
ओबेलिक्स, क्या तुम्हारे पास कोई छुरी या केक काटने वाली कोई चीज़ है?
वहाँ है एक, उधर।
आपकी इजाज़त हो तो?
इस केक से तीन टुकड़े काट लो।
अभी लो, अभी लो!
तुम्हें कहा गया है तीन टुकड़े, ओबेलिक्स!
तो, मैंने तीन टुकड़े ही तो किए!
महापेटू कहीं के, ठूँसो!
खच्च! चप्प! खड़प!
इसमें तो बादाम हैं... सड़प! यमयम!... मुझे बादाम बहुत पसंद हैं!
खच्च! खच्च!
खड़प!
तो अब आपका क्या कहना है, रानी साहिबा? आप देख सकती हैं कि यह केक ज़हरीला नहीं है!
तो फिर मेरे उस चखनवीस को क्या हुआ है, उसे क्या बीमारी है?
ओबेलिक्स!
अरे, इसमें अभी भी कुछ बादाम बचे हैं...
थप्प! थप्प!
चखनवीस को बुलवाया जाए! मैं उसे ठीक कर दूँगा!
जब भी मैं कुछ करना चाहता हूँ एस्ट्रिक्स महोदय बीच में अपनी टाँग अड़ा देते हैं!!!
क्योंकि ओबेलिक्स महोदय को इतना भी नहीं पता कि एक रानी के सामने कैसे व्यवहार करना चाहिए!!!

इसे पी लो, चखनवीस, तुम बेहतर महसूस करोगे!
ओह, तो उनका हलवा बनाना ठीक है, मगर बादाम खा लिए तो आफ़त आ गई?
उनका हलवा बनाने और बादाम खाने का अपना-अपना समय होता है!... शिष्टाचार इसी-का नाम है!!!

*गुलुप, गुलुप, गुलुप

मैं अच्छा महसूस कर रहा हूँ... पहले से बहुत बेहतर...

असल में, बिल्कुल ठीक हो गया हूँ, और भूख भी लग रही है!
इस केक का आपके चखनवीस की बीमारी से कोई लेना-देना नहीं, हे रानी। भारी पकवान खा-खाकर इसका हाजमा बिगड़ गया है!
मैंने तुम्हारे साथ बहुत अन्याय किया, गॉलवासियों! मैं तुम्हें आज़ाद करती हूँ, और रही बात इस चखनवीस की जिसकी वजह से रानियों की रानी से ग़लती हुई, इसे मैं बर्खास्त करती हूँ!

इस केक में इतना ज़हर था कि सैनिकों के एक पूरे जत्थे का काम तमाम कर दे। अच्छा हुआ हमने मेरा बनाया विषनाशक पी रखा था...
सुनिए, आपका बहुत-बहुत शुक्रिया! चखनवीस की नौकरी ने मुझे अच्छा मज़ा चखाया... मेरे जीवन में ही ज़हर घोल दिया!...

अच्छा, तो मैं चलता हूँ। पेट में कुछ डालने का समय हो गया है।

हमें निर्माण-स्थल पर वापस चलना चाहिए। इस मुसीबत की जड़ तक पहुँचना बहुत ज़रूरी है!
एस्ट्रिक्स, यह विषनाशक क्या होता है?

और निर्माण-स्थल पर...
अड़ियलिक्स! तुमने तो मुझे लुढ़का ही दिया था!
रा का लाख-लाख शुक्र है कि आप लौट आए! मेरे मालिक इमारतिस आपके गिरफ़्तार होने के तुरंत बाद से लापता हैं!
!!!

ओबेलिक्स, चलो महामक्कारिस के पास चलते हैं। मुझे यकीन है कि उसे पता है इमारतिस कहाँ है!

और जल्द ही...
कलमघिस ने जो पता मुझे बताया है उसका रास्ता इधर से है।
पाठशाला

कसम बेलनोस की, अगर तुम अपने दरवाज़े की ख़ैर चाहते हो तो इसे तुरंत खोलो!

ये सब क्या शोर-शराबा है, कसम...

गॉ... गॉगॉ...

हाँ, गॉलवासी, जो तुम्हारे मालिक महामक्कारिस से मिलने आए हैं।
म... मैं, जाकर देखता हूँ वे यहाँ हैं या नहीं...
अच्छा विचार है! हम तुम्हारे साथ ही चलते हैं!

मालिक! आपसे मिलने कोई आया है...
?!
संध्या-फ़ैरो
महाबलिस

तुम? क्लियोपैट्रा ने तुम्हें डाला नहीं मगरमच्छ...

पकड़े गए!

तो तुमने ही क्लियोपैट्रा को वह ज़हरीला केक भेजा था!
केक? कैसा केक? न, न, न! कहीं कुछ ग़लती हो रही है, ग़लती! हे भगवान!

तुम हमें बताओगे कि इमारतिस कहाँ मिलेगा!
कभी नहीं! दुनिया की कोई भी ताक़त हमारी जुबान नहीं खुलवा सकती, क्यों पेचकसिस?

नहीं। खिंचवाने से अच्छा है कि मैं जुबान खोल दूँ! इमारतिस नीचे तहखाने में है, एक ताबूत में छिपाया हुआ।

कायर!
जी, मालिक!

मैं इन दोनों पर नज़र रखता हूँ, ओबेलिक्स, तुम तहखाने में जाकर ताबूत ढूँढो।
ठीक है, एस्ट्रिक्स।

एस्ट्रिक्स, ये ताबूत क्या होता है?

यह एक बहुत बड़ा संदूक होगा... बहुत ही भारी!
अच्छा? ठीक है।

जल्दी ही...
यही है क्या, एस्ट्रिक्स? बड़ा संदूक तो बस यही एक था लेकिन भारी तो ये बिलकुल भी नहीं!
यही होना चाहिए, ओबेलिक्स!

इसे सिर्फ़ खोलना है।
मैं खोलूँ? मैं खोलूँ? यह एक ऐसे उपहार जैसा है जिसके अंदर कुछ खास चीज़ छुपी है!
30

तुम ठीक तो हो, इमारतिस?
क्या बताऊँ... चक्कर आ रहे हैं!
ज़रूर यह खाना–पीना न मिलने के चक्कर में हुआ है। बेचारा इमारतिस!

मैं हार मानता हूँ! मै आपको महल पूरा करने से रोकना चाहता था, बस। आप बुरा तो नहीं मान गए?
नहीं माना बुरा। और सबूत के तौर पर हम तुम दोनों को अपने साथ ले चलेंगे। हमारे पास तुम्हारे लिए एक काम है।

और जल्द ही निर्माण–स्थल पर...
आपने मुझे बुरा काम करने को धकेला और देखो मेरी क्या हालत हो गई है, मालिक!...
अब मुँह बंद करो और खींचो!
इमारत अच्छी बन रही है, इमारतिस।
आप तीनों की ही बदौलत, औषधिक्स जी!

इसी बीच क्लियोपैट्रा के महल में...
जय हो, क्लियोपैट्रा। तो, महल का काम कैसा चल रहा है? समय–सीमा जल्दी ही पूरी होने वाली है।
जय हो, सीज़र। महल का काम बहुत बढ़िया चल रहा है, जूलियस। जल्दी ही हम महल का फीता काटने के लिए एक छोटे–से जश्न का आयोजन कर सकते हैं।

जय हो सीज़र!
जय हो, सैनिक! जाओ और हमारे मिस्री जासूस टाँयटाँयफ़िस को ढूँढ कर लाओ।

जय हो, सीज़र!
जय हो, जय हो, टाँयटाँयफ़िस; क्लियोपैट्रा के आगे मेरी नाक कटने वाली है...

मुझे बताया गया था कि महल का वास्तुकार, इमारतिस, किसी काम का नहीं है; लेकिन अब ऐसा लगता है कि महल समय पर बनकर तैयार हो जाएगा। ज़रा निर्माण–स्थल पर जाकर देखो आखिर माजरा क्या है, कसम जूपिटर की!

मैंने एक मज़दूर की लंगोटी पहन ली है। इस भेस में मुझे कोई नहीं पहचानेगा!

मैं भले हल्का-फुल्का मज़दूर दिखता हूँ लेकिन भारी काम करने से डरता नहीं हूँ। मेरे लायक कुछ काम है?
बिलकुल है! हमें और मज़दूरों की हमेशा ज़रूरत रहती है। वहाँ उस कतार में लग जाओ।

महामक्कारिस और पेचकसिस को कोई जादुई काढ़ा नहीं मिलेगा।
वह तो ज़ाहिर है।
गुलुप! गुलुप! गुलुप!
अजीब माज़रा है! न कोई निरीक्षक न कोई कोड़ा, और ये सब क्या चल रहा है?

गुलोप! गुलोप! गुलोप!
32A

अजीब घोल है... अह! काम शुरू करने का बिगुल बज गया...
ढूँऽऽऊँऽऽऊँ

?!

कहीं वह अजीब घोल ही तो... देखता हूँ...

कसम ऐपिस की!!!

अरे? वह कहाँ भागा जा रहा है?
हुँह! हमारे पास इसके जैसे बहुत मज़दूर हैं!
उकडूँ बैठो, अड़ियलिक्स! चलो!
?
32B

हे सीज़र! मैंने उस निर्माण–स्थल पर चमत्कारिक चीज़ें होती देखी हैं! मज़दूर एक जादुई काढ़ा पी रहे हैं जो उन्हें बहुत बड़ी ताकत प्रदान करता है जिससे वे भारी से भारी वज़न भी ढो लेते हैं। मैंने भी ये काढ़ा पिया है!
हमें लगता है टॉयटॉयफ़िस, तुम जादुई काढ़ा नहीं कुछ और ही पीकर आए हो...

तो तुम्हें मेरी बात पर यकीन नहीं हो रहा, हे सीज़र? मैं एक कमज़ोर, डेढ़ पसली का, अदना–सा आदमी ही सही लेकिन मैं शर्त लगाता हूँ कि आपके निजी पहरेदारों में सबसे ताकतवर की हड्डी–पसली एक कर सकता हूँ!

हास्यरस, इस बड़बोले की डेढ़ पसली को एक कर दो!
चटक!

ही! ही! ही! ही! ही! ही! ही! ही!

ठाक!
ही!
ही!
ही!
ही!
ही!
ही!
?!

हुम्म... ठीक है, हास्यरस, तुम्हारी छुट्टी हो गई... धन्यवाद!

ही ही ही ही ही ही ही ही ही ही ही ही!
तो तुम गप्प नहीं मार रहे थे... लेकिन मैं तो सिर्फ़ एक ही आदमी को जानता हूँ जो ऐसा काढ़ा बना सकता है...

और वह यहाँ से बहुत दूर रहता है... एक गॉलवासी ओझा...
एक गॉलवासी ओझा?!?

निर्माण–स्थल पर कुछ गॉलवासी हैं! तीन गॉलवासी!
क्या कहा? एक बूढ़ा ओझा, सफ़ेद दाढ़ीवाला, एक चालाक गुटका और एक भारी–भरकम मोटी बुद्धि?

वही तो हैं, हे सीज़र!
एस्ट्रिक्स, ओबेलिक्स और औषधिक्स! अजेय गॉलवासी! ये कोई भी चमत्कार कर सकते हैं... कुछ तो करना पड़ेगा!

अगली सुबह, पौ फटने पर...
*कुक-डूँ-कु-डूँSSSS

और जल्दी ही, निर्माण-स्थल पर...
मालिक! मालिक! जल्दी आइए! कुछ अजीब हरकतें हो रही हैं!!!
अरे, क्या हो गया, कलमघिस?

मज़दूर काम पर नहीं आए हैं, हमारे कैदी महामक्कारिस और पेचकसिस के अलावा यहाँ पर कोई भी नहीं!
?!?

जाओ पता करो माजरा क्या है!
जी मालिक!

उसके ठीक बाद...
निर्माण-स्थल को रोमन सैनिकों ने घेर लिया है! वे हमारे मज़दूरों को अंदर नहीं आने दे रहे!

सीज़र के नाम पर! हमने सुना है कि कुछ गॉलवासी बदमाश इस निर्माण-स्थल में छुपे हुए हैं! हमारा आदेश है कि वे आत्मसमर्पण कर दें, वरना हम हमला कर देंगे!
?!?

कसम तूतातिस की, हम क्लियोपैट्रा के आदेश से यहाँ पर हैं और हम तब ही जाएँगे जब हमारा काम पूरा हो जाएगा!
कसम जूपिटर की, तुम पछताओगे!

कसम आईसिस की, अब हम क्या करें?
कसम बेलेनोस की, हम किलाबंदी करेंगे!
कसम बेलिज़ामा की, तुम ठीक कह रहे हो!

कसम फूटी किस्मत की! क्या हम यहाँ से छूट नहीं सकते?

ये पत्थर के खंड जल्दी लाओ, ओबेलिक्स!
ला रहा हूँ! ला रहा हूँ!

बढ़िया! ये हुई पूरी हमारी किलाबंदी।
आप... आपको लगता है कि इतने–से पत्थर रोमनों को रोकने के लिए काफ़ी होंगे?...

वे हमला कर रहे हैं!
मल मल मल मल मल!

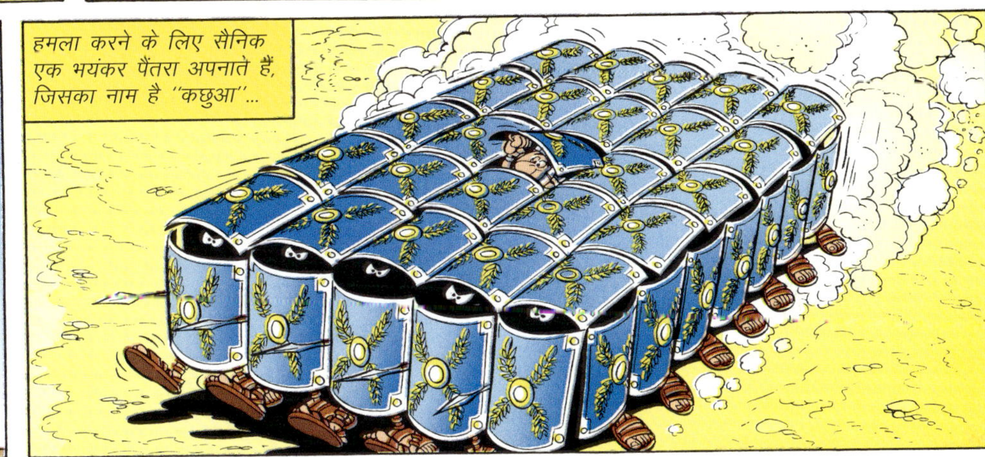

हमला करने के लिए सैनिक एक भयंकर पैंतरा अपनाते हैं, जिसका नाम है ''कछुआ''...

धम्मम! धम्मम! धम्मम!
ये मस्ती करने का वक्त नहीं, ओबेलिक्स!
धम्मम!
धम्मम!
भौं! भौं!

और दुम दबाकर भागते समय रोमन सैनिक एक बहुत ही कारगर पैंतरा अपनाते हैं, जिसे कहा जाता है ''खरगोश''।

हुम्म... बात नहीं बनी?... ठीक है, हम सब तरफ़ से इकट्ठे हमला करेंगे... डट जाओ!
लेकिन अभी–अभी तो हम पिटकर लौटे हैं!
फिर से डटे तो फिर से पिटेंगे!
डट के पिटेंगे!
ऐसा एक और मज़ाक किया तो कसम जूपिटर की मैं सेना छोड़कर भाग जाऊँगा!!!

मज़ा आ गया! वे वापस आ रहे हैं!
भौं! भौं!

वे दो मोर्चों से हमला कर रहे हैं! जाओ और उन्हें दूसरी तरफ़ वापस खदेड़ दो, ओबेलिक्स!
काम हो गया समझो!

दक्षिण में...
मुझे छोड़ दीजिए! मैं पहले ही पीछे खदेड़ा जा चुका हूँ!
उत्तर में...
इनमें से एक अंदर घुस आया है!
मैं दफ़ा हो रहा हूँ! अभी दफ़ा हो रहा हूँ! तुरंत दफ़ा हो रहा हूँ!

और धुनाई के बाद...
उन्होंने हमें खदेड़ दिया लेकिन हममें से कुछ उनकी किलाबंदी में घुस पाने में सफल हुए!
विजय! विधाता को यही मंजूर था!

हमीं थे जो अंदर घुस पाए, लेकिन वे बड़े दयालु थे, उन्होंने हमारी चटनी बनाए बिना ही हमें वापस आने दिया...

अगर ऐसी बात है तो हम उनपर गोले बरसायेंगे, सुना तुमने!!!

देखो! गोले फेंकने की मशीनें!
हुम्म... मुझे इन मशीनों के रंग-ढंग कुछ ठीक नहीं लग रहे!

और सही में, जल्दी ही...
धाड़!
धम्म!
मेरा महल!

हमें क्लियोपैट्रा को सूचित करना चाहिए! उसका सीज़र पर इतना प्रभाव तो ज़रूर होगा कि वह इस हमले को रुकवा सके।
अच्छा सुझाव है! कलमघिस! रानी के लिए एक संदेश लिखो।

तो अब... लिखने में कोई गलती नहीं होनी चाहिए... जाती है के साथ जब ये के आगे आती है
अड़ियलिक्स यह संदेश क्लियोपैट्रा तक पहुँचाएगा!...
अड़ियलिक्स?!
धचाक!

मगर अड़ियलिक्स तो अभी एक छोटा–सा पिल्ला है!
होगा, लेकिन यह अक्लमंद है!
ये रहा संदेश!

तुम देखना!
?

जाओ, अड़ियलिक्स! क्लियोपैट्रा के पास!
?

मैंने तुम्हें कहा तो था कि यह अभी नादान है, नहीं समझेगा!
नादान? एक नन्हा कुत्ता जो इतनी खूबी से दिल जीतना जानता है, और भी न जाने क्या–क्या...

अरे, अरे, ओबेलिक्स! नाराज़ मत हो... मैं तो तुम्हें चिढ़ाने के लिए ये सब कह रहा था... मैं खुद अड़ियलिक्स को सही रास्ता दिखाऊँगा!
तुमने मेरे कुत्ते के बारे में ऐसा सोचा भी कैसे!

औषधिक्स जी, जब तक ओबेलिक्स मुँह फेरे है, मुझे जल्दी–से जादुई काढ़े का एक घूँट लगवा दो!
गुर्रर्रर्रकिटकिटकिटफूँह!... हुँह!... ऊँह्र्र्र्र्र्र्र्र्र्र ग्नननननफर्रर्रर्रगनन...

और जल्दी ही...
चलो चलें, अड़ियलिक्स!
?

सावधान!!! एक घेराबंद आदमी निकल भागने की कोशिश कर रहा है!!!

फटाक!

तैयार हो?
तैयार हूँ!
चटाक!
?
थचाक!

जैसे टपका वैसे पटका...
और अब गुज़र गया...

और जल्दी ही क्लियोपैट्रा के महल में...
तुमने हमसे मिलने की दरख्वास्त की थी, ओ गॉलवासी!
जी, हे क्लियोपैट्रा। मेरे नन्हे कुत्ते के पास आपके लिए एक संदेश है!

कितना प्यारा कुत्ता है ये... इस नन्हे कुत्ते के लिए एक हड्डी लाई जाए!

ऐसा हरगिज़ नहीं चलेगा! कसम आईसिस की! जूलियस सीज़र तो बेईमानी पर उतर आया है! गॉलवासी, तुम जा सकते हो! कसम एमोन और हिलिओस की! इसे तो अब मैं सीधा करती हूँ!

चपड़
चपड़
चपड़
शांत हो जाओ, अड़ियलिक्स... प्रतीक्षा करो जब तक रानी का नया चखनुस तुम्हारी हड्डी चख नहीं लेता!
गर्र्र्र्र!

सावधान! एक घेराबंद आदमी अंदर घुसने की कोशिश कर रहा है!

थचाक!

यह लो ओबेलिक्स! अड़ियलिक्स अभी–अभी वापस आया है! और वह अपने अभियान में पूरी तरह कामयाब रहा!
देखा! मैंने कहा था न?
उसके लिए रानी को जल्दी ही कोई कदम उठाना पड़ेगा! रोमन मशीनें महल को तहस–नहस कर रही हैं!

वास्तव में, घेराबंदी डाले हुई सेना के शिविर में...
देख लो, हे सीज़र! भले हम इन्हें पकड़ने में कामयाब नहीं हुए लेकिन नतीजा फिर भी वही होगा क्योंकि उनका महल तो मिट्टी में मिला देंगे!
बहुत बढ़िया, गानसगूँजस, बहुत बढ़िया!

जय हो सीज़र... उह... कोई आपसे मिलना चाहता है...
कौन है?

छन्न! ढम्म!
टपाटप! टपाटप!
टूँटूँटूँटूँऽऽऽऽ!!!!
?!?

अर्र... रानी... मेरी प्यारी रानी...

बहुत हो गया!!! जैसे ही मैंने सुना कि क्या चल रहा है, मैं महल से ऐसे भागी कि कपड़े बदलने के लिए भी नहीं रुकी!
बाप रे!

जब कोई शर्त लगाता है तो सहर्ष शर्त हारने की क्षमता भी होनी चाहिए। मुझे गॉलवासियों को बुलाने का पूरा अधिकार था और मैं तुम्हें यह साबित करके छोड़ूँगी कि मिस्रवासी अब भी आलीशान महल बना सकते हैं...

...और मेरा आदेश है कि रोमन मेरे निर्माणकर्त्ताओं को अकेला छोड़ दें और जाने से पहले जितनी तोड़-फोड़ की है उसकी मरम्मत करें! और शर्म से डूब मरें...

...और...
ठीक है! ठीक है! अब बस भी करो! मैं तुमसे माफ़ी माँगता हूँ और मैं वही करूँगा जैसा तुम चाहो...

छन्न!
टाढाम्म!
दूँदूँदूँदूँSSSSSS!!!!!!
उफ्फ!
तो... अर्र... क्या किय। जाए?

घेराबंदी उठाओ और जो तोड़-फोड़ की है उसे ठीक करो, उल्लू की दुम!!!
जय हो!

कुछ भी हो जाए पर मैं नहीं चाहता कि क्लियोपैट्रा मेरे आगे नाक चढ़ाए!

और क्या नाक है उसकी, अगर हमने ये बात पहले नहीं बताई तो...

देखो! कसम बेलेनोस की, रोमन घेराबंदी उठा रहे हैं!!!
कसम तूतातिस की, हम जीत गए!
और ये सब किसकी बदौलत?

चटाक
पहले तो इसकी खटिया खड़ी कर दी और अब आए हैं मरम्मत में हाथ बटाने...
ये रोमन पागल हैं!
नहीं, इमारतिस! नहीं!
लेकिन मुझे ऐसा लगा कि ऐसा तिकोना ज़्यादा सुंदर लगेगा...

आखिरकार एक दिन...
बन गया! अब हम क्लियोपैट्रा को सूचित कर सकते हैं!

हे मेरी रानी, महल बन चुका है समय–सीमा के अंदर!*
तुमने अपना वादा निभाया, इमारतिस, और कसम आइसिस की, मैं भी अपना वायदा निभाऊँगी!...
*उस ज़माने में निर्माण व्यवसाय में ऐसा कभी–कभार ही होता था।

इन्हें सोने से लाद दिया जाए!

कुछ हिस्सा अभी भी बाकी है!
आ रहा हूँ वापस!

कल मैं सीज़र को अपनी शाही नौका पर आमंत्रित करूँगी...

हम पवित्र नदी में महल तक यात्रा करेंगे और वहाँ मैं सीज़र को ये महल सबूत के तौर पर पेश करूँगी कि हमारे लोग गए–गुज़रे नहीं हैं!
ठीक है!

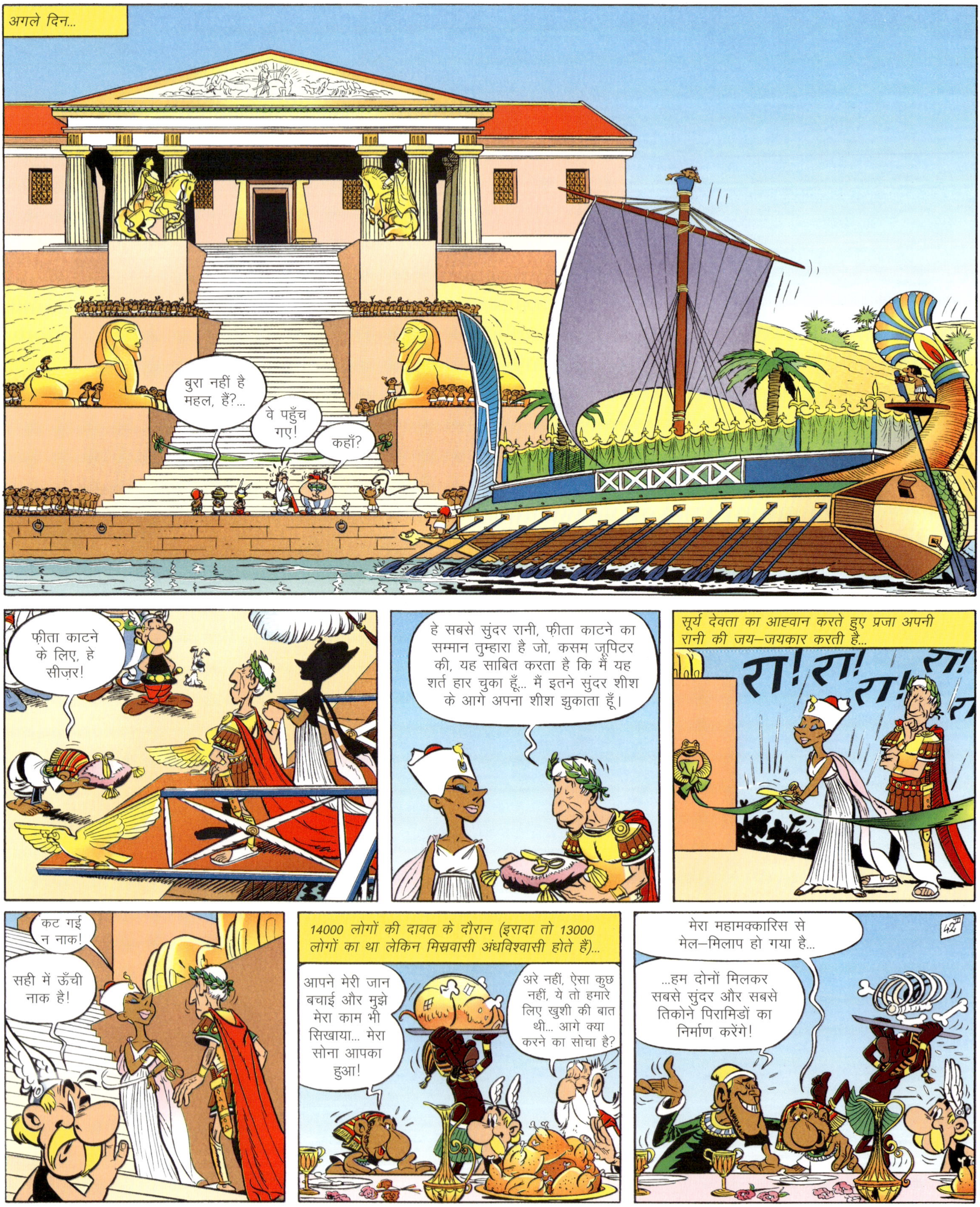

अगले दिन...

बुरा नहीं है महल, हैं?...
वे पहुँच गए!
कहाँ?

बाद में, क्लियोपैट्रा के महल में...
हमारा काम खतम हो गया है। हम आपसे विदा लेने आए हैं, हे रानी।
ये नाक...
आपने तो चमत्कार कर दिखाया, गॉलवासियों, और आप हक़दार हैं रानियों की रानी, यानि मेरे, आभार के!

हे ओझा, मैं आपको अपने सिकंदरिया पुस्तकालय से चुनी हुई ये बहुमूल्य पांडुलिपियाँ भेंट करती हूँ...
आपकी नाक... उह... आपकी बहुत कृपा है, हे रानी, कसम बेलेनोस की...

क्या नाक है!
आपने जो मेरी मदद की है, उसके सामने तो ये कुछ भी नहीं... मैं नहीं जानती आपका शुक्रिया कैसे अदा करूँ...
हमेशा आपकी सेवा में हाज़िर... और अगर किसी दिन आप मिस्र में किसी और चीज़ का निर्माण करना चाहें जैसेकि लाल–सागर और भूमध्य–सागर के बीच एक नहर...

...तो, कसम तूतातिस की, हमारे यहाँ से किसी को बुला लेना!...

और जल्द ही...
यह तो क्लियोपैट्रा की बहुत कृपा है कि उसने हमें गॉल वापस ले जाने के लिए अपनी नौका दी...

...और नौका का कप्तान रवानगी का आदेश देता है...
डिंग! डिंग!

डिंग! डिंग!
ढम्म!
*पूरी गति से!

एस्ट्रिक्स तुम्हें लगता है कि हमारी उन समुद्री डाकुओं से फिर मुलाकात होगी?
मुझे नहीं पता, ओबेलिक्स, लेकिन ऐसा लग रहा है कि वे हमसे ज़्यादा दूर भी नहीं हैं!

और असल में, नीचे पेंदे में...
मुझे अपनी पिछली नौका का भुगतान करने के लिए ये काम लेना पड़ा, लेकिन जैसे ही मैं दूसरी नौका खरीद लूँगा, मैं इन कमबख्त गॉलवासियों को मज़ा चखाऊँगा!
43

और कई हफ़्तों की ऐशो–आरामदायक जलयात्रा के बाद...
खच्च! खच्च!

...और आखिरकार...

देखो, एक नाव!!! एस्ट्रिक्स, ओबेलिक्स और औषधिक्स लौट आए हैं!

मैं एक छोटा–सा गाना तैयार करता हूँ, और...

और गॉलवासियों का गाँव अपने नायकों का स्वागत स्वाभाविक उत्साह और भोज से करता है...
... और यह सब अड़ियलिक्स की बदौलत!
क्या नाक थी, मेरे प्यारे... क्या नाक थी!

और आगे आने वाले दिनों में, सभी खुश हैं... ख़ैर, लगभग सभी।
नहीं ओबेलिक्स, नहीं!

...मुझे तुम्हारे शिला–स्तंभों का ये नया आकार बिल्कुल पसंद नहीं!... इन्हें गॉलवाला ही रहने दो!
समाप्त
UDERZO